# EJERCICIOS MENTALES Y FÍSICOS DURANTE LA PANDEMIA

SADER JESÚS

# INTRODUCCIÓN

Realizar ejercicio en casa es un buen modo de mantenerse en forma para los clientes asiduos, pero también para personas que no hacían ejercicio previamente y quieren disfrutar de sus beneficios durante el confinamiento. Las reacciones físicas que provoca hacer ejercicio han demostrado ser eficaces en la mejora de la salud cardiovascular, la densidad ósea, la movilidad articular, la cognición, el estado de ánimo, la función metabólica, la masa muscular, el tono y la fuerza.

# EJERCICIO EN CASA

El aislamiento no significa la interrupción de la actividad física, sino que es una oportunidad para continuar con ella, mantener la sensación de normalidad y proteger la salud mental. No se requiere un amplio espacio, si se eligen los ejercicios adecuados basta con el propio peso corporal y un equipo mínimo.

Además, existen estudios que indican que ejercitarse de forma regular contribuye a mejorar el sistema inmune, mejorando la capacidad corporal de combatir enfermedades comunes. Por ejemplo, en temporada de gripe un aumento temporal de la temperatura corporal provocado por la actividad física puede inhibir el crecimiento de ciertas bacterias. Sin embargo, si se está enfermo al hacer ejercicio se está forzando al sistema inmunitario a trabajar a pleno rendimiento, por lo que hay que tener cuidado con la duración, la intensidad, la frecuencia y el tipo de ejercicio, o se correrá el riesgo de una disminución temporal de la función inmunológica.

Por eso hemos creado esta rutina, especializada en nutrición y vida saludable, ha creado una rutina rápida de ejercicio de cuerpo completo que se puede hacer en casa para contribuir a minimizar el impacto de la cuarentena, uniéndose a las numerosas iniciativas para mantenerse activo en casa que han ido surgiendo en los últimos días.

# RUTINA DE CUERPO COMPLETO

*Para contribuir a su eficacia, se deben realizar entre 10 y 12 repeticiones por ejercicio y alcanzar alrededor de cuatro series, completando así una rutina completa de unos 20 minutos de duración aproximadamente.*

***<u>Desarrollo de tríceps</u> para ejercitar la parte posterior de los brazos y los hombros:***

1. *Sentarse en el suelo con las rodillas ligeramente flexionadas.*
2. *Colocar las manos detrás del cuerpo con los dedos mirando hacia él.*
3. *Despegar los glúteos del suelo para que brazos y pies sostengan el cuerpo.*
4. *Doblar los brazos desde el codo hasta que los glúteos toquen el suelo y subir a la posición inicial.*

- ***<u>Un desafío añadido es levantar la pierna izquierda y tocarla con el brazo derecho y viceversa mientras se empuja hacia arriba.</u>***

*<u>Las flexiones</u> son un clásico que ejercita el cuerpo completo:*

1. *Boca abajo en el suelo con las palmas de  las manos hacia abajo cerca de los hombros.*
2. *Las puntas de los pies tocando el suelo y los pies ligeramente separados.*
3. *Se levanta el cuerpo con los brazos, haciendo una línea recta desde la cabeza hasta los talones y se contraen los abdominales para evitar que se hundan las caderas.*
4. *Se baja el pecho hacia el suelo doblando los codos durante un segundo y se vuelve a la posición inicial.*

<u>**_Equilibrio de manos y rodillas,_**</u> **_para trabajar abdominales y equilibrio:_**

- **_Con las cuatro extremidades apoyadas en el suelo (las manos debajo de los hombros y las rodillas debajo de las caderas), se levanta un brazo hacia delante y la pierna del lado opuesto hacia atrás, manteniendo la espalda recta._**
- **_Rodilla hacia el pecho al mismo tiempo que el codo, para alcanzar las rodillas._**
- **_10 veces por pierna._**

_Las sentadillas_ son otro ejercicio muy común que trabaja el grupo muscular más grande del cuerpo, glúteos y piernas:

1. Los pies ligeramente más separados que el ancho de los hombros, caderas sobre las rodillas y rodillas sobre los tobillos. Brazo paralelos al suelo con las palmas hacia abajo.
2. Se hace el movimiento de sentarse en una silla. Cuando los glúteos comienzan a sobresalir, el pecho y los hombros deben mantenerse erguidos y la espalda siempre recta, con la cabeza hacia delante y ojos al frente.
3. Las mejores sentadillas son las más profundas. La profundidad óptima se produce cuando las caderas se colocan por debajo de las rodillas.
4. Para recuperar la posición inicial, se fortalece el abdomen y, con el peso corporal en los talones, se empuja.

_Estocada inversa con elevación de rodilla_, para ejercitar la parte delantera y trasera de las piernas:
- ✓ con el pecho erguido, la barbilla levantada y los abdominales contraídos, se da un paso hacia atrás con un pie, flexionando hacia abajo para que esa rodilla apunte hacia el suelo.
- ✓ Al recuperar la posición inicial, se levanta la rodilla durante un segundo y se cambia de pierna.

# EJERCICIOS MENTALES

*Te traemos una serie ejercicios mentales que te permitirán ejercitar tu cerebro, y aumentar tu salud mental. Si el cerebro es ejercitado adecuadamente, cualquiera puede desarrollar su inteligencia. Tu cerebro y todos los cerebros poseen plasticidad neuronal o neuroplasticidad, lo que permite que el cerebro forme nuevas conexiones neuronales desde el momento en que nacemos, y mejore o desmejore dependiendo de cómo lo utilicemos.*

# 1. OLOR Y ACCIÓN

*Puedes activar tu memoria relacionando un olor con una tarea específica. Por ejemplo, para memorizar un número telefónico, utiliza cierto olor cada vez que lo marques. Puedes utilizar hierbas aromáticas como la menta. Para estudiar para una evaluación, puedes masticar goma de mascar o utilizar labial de fuerte olor y utilizarlo durante la evaluación para recordar mejor lo estudiado.*

*Recuerda que, al contrario de otros sentidos, la nariz alcanza la memoria directamente en vez de pasar por otras partes del cerebro. Por eso está considerada como una herramienta para memorizar de extrema efectividad.*

*En general, mientras más puedas reconstruir el contexto en el que se guardó el recuerdo, mejor recordarás. Esto se conoce como memoria dependiente del contexto. Si tienes en cuenta este factor, tus técnicas de memorización serán más efectivas.*

*Aparte del olor, involucra mentalmente tantos sentidos como sea posible – Relaciona la información con colores, texturas, olores y sabores. Cuando reescribes la información para memorizarla, permites que ésta sea grabada eficientemente en tu cerebro. En nuestro sitio te enseñamos a realizar mejores asociaciones mentales.*

## 2. REALIZA REPASOS DIARIOS

*Según el sitio Forbes, estos ejercicios para ejercitar la memoria pueden ser realizados durante un período de 4 semanas para experimentar una mejora de la memoria a corto y largo plazo.*

*Cuando estés preparado/a para dormir, repasa todo lo que hiciste en el día desde el momento en que te levantaste. Intenta recordar con el máximo detalle posible, visualizando en tu mente cada paso desde el inicio hasta el fin. Con la práctica, será mejor la forma en que recuerdes detalles y eventos durante el día.*

*Para un mayor grado de dificultad, recuerda los eventos desde el final hasta el comienzo.*

*Beneficios: mejora tu memoria, tu habilidad de visualizar, concentración y poder de observación. Estarás más en el momento, porque sabrás que deberás recordar lo que suceda a tu alrededor al final del día, entonces atenderás más a los detalles.*

# 3. REDUCE EL ESTRÉS Y LA ANSIEDAD

*El estrés es tóxico para la memoria, los químicos en tu cuerpo producidos durante el estrés interfieren directamente con el proceso de la transferencia de información desde la memoria a corto plazo a la memoria a largo plazo.*

*A medida que pasa el tiempo, el estrés crónico destruye las células cerebrales y afecta negativamente el hipocampo, la región del cerebro involucrada con la formación de nuevas memorias y de la extracción de recuerdos antiguos.*

*Tips para superar el estrés:*

- ✓ *Establece objetivos realistas*
- ✓ *Tómate algunas pausas de tu trabajo durante el día*
- ✓ *Expresa tus sentimientos en vez de guardarlos*
- ✓ *Enfócate en una tarea a la vez*

*La meditación reduce tu estrés y mejora tu memoria: la evidencia científica sigue demostrando los beneficios mentales de la meditación. Los estudios demuestran cómo la meditación mejora diferentes condiciones como la depresión, la ansiedad, el dolor crónico, diabetes, y la* hipertensión. La meditación también mejora la concentración, creatividad y la capacidad de aprendizaje y de razonamiento.

Escáneres cerebrales han demostrado que las personas que meditan constantemente tienen más actividad en la corteza prefrontal izquierda, un área del cerebro asociada con los sentimientos de alegría, un factor a considerar para superar el estrés. Estos ejercicios mentales aumentan además el grosor de la corteza cerebral y fomentan más conexiones entre las células del cerebro, todo esto mejora la salud mental.

# 4. DUERME MEJOR

*Existe una gran diferencia entre la cantidad de sueño que puedes tener y la cantidad que necesitas para funcionar de la mejor forma posible. La realidad es que el 95% de los adultos necesitan entre 7.5 y 9 horas de sueño todas las noches. Incluso reducir algunas horas puede afectar la memoria, la creatividad y las habilidades cognitivas para resolver problemas.*

*Dormir mejor*

*Dormir bien es crítico para el aprendizaje y la memoria. Las investigaciones han demostrado que el sueño es necesario para formar memorias, dándose la actividad relacionada al incremento de la memoria durante las etapas más profundas del sueño. Dormir mejor es un excelente ejercicio mental para la memoria, intenta estos tips:*

- ✓ *Mantén un horario regular para dormir. Ve a la cama al mismo tiempo todas las noches y levántate al mismo tiempo todas* las mañanas. Intenta no romper la rutina durante los fines de semana y en los días festivos.

✓ Evita todas las pantallas por al menos una hora antes de dormir. La luz emitida por los televisores, tabletas, celulares y computadoras activa el desvelo y suprime hormonas como la melatonina que te hacen sentir sueño.

✓ Reduce la cafeína. Intenta reducir tu consumo de cafeína o evítala en su totalidad si sospechas que está afectando tus patrones de sueño.

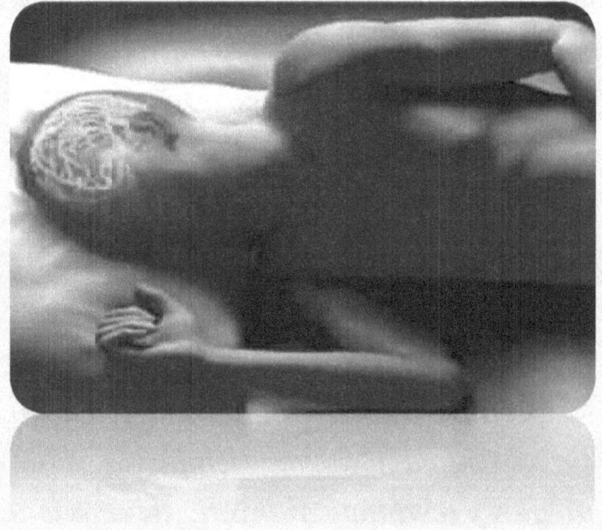

# 5. CONSUME ALIMENTOS PARA MEJORAR LA MEMORIA

✓ *Recuerda involucrarlos en tu* *alimentación* *para que nuestros ejercicios mentales sean más efectivos.*

*Alimentos para mejorar la* *memoria*

✓ *Consume omega 3 – Las investigaciones demuestran cómo los ácidos grasos del omega 3 son beneficios para la salud del cerebro. El pescado como el salmón, es una fuente importante de omega 3. Considera otras fuentes de omega 3 si no eres fanático(a) de la comida del mar, como: nueces, hígado, espinaca, y brócoli.*

✓ *Limita las calorías y la grasa saturada – Las investigaciones demuestran que las dietas altas en grasas saturadas aumentan tu riesgo de demencia y afectan negativamente tu concentración y memoria.*

- ✓ ***<u>Consume más frutas y vegetales</u>** – **Contienen antioxidantes, sustancias que protegen a tus células cerebrales.***
- ✓ ***Toma té verde, contiene polifenol, antioxidantes poderosos que te protegen de los radicales libres que pueden dañar las células del cerebro.***
- ✓ ***Toma vino tinto con moderación, contiene resveratrol, un flavonoide que incrementa la circulación sanguínea al cerebro y reduce el riesgo de la enfermedad del Alzheimer.***
- ✓ ***El chocolate oscuro también posee flavonoides que pueden incrementar tu salud mental.***

# 6. TIPS MENTALES RÁPIDOS PARA MEJORAR TU MEMORIA

- ✓ *Involucra tantos sentidos como sea posible: relaciona la información con colores, texturas, olores y sabores. Incluso si aprendes mejor de forma visual, lee en voz alta lo que quieres aprender. Si lo puedes recitar de forma rítmica, aún mejor.*
- ✓ *Relaciona la información con aquello que ya conoces.*
- ✓ *Utiliza sistemas mnemotécnicos para que la memorización sea más fácil, un ejemplo es el Sistema Dominic. También puedes realizar mapas conceptuales y mapas mentales.*
- ✓ *Para memorizar información más compleja, enfócate en entender las ideas más básicas. Practica explicando las ideas a otra persona con tus propias palabras.*

# *7. CAMBIA TU RUTINA*

*La atención es necesaria para la mayoría de las tareas diarias. Una buena atención te permite mantener la concentración a pesar de las distracciones y enfocarte en diferentes actividades al mismo tiempo. Para mejorar la atención puedes cambiar tu rutina. Cambia tu ruta al trabajo o reorganiza tu escritorio –ambos forzarán a tu cerebro a desvincularse de viejos hábitos y prestar atención de nuevo.*

*Mientras envejecemos, nuestro tiempo de atención disminuye, haciéndonos más susceptibles a las distracciones y menos eficientes al realizar múltiples tareas. Esta práctica incrementará tu atención y fomentará el desarrollo de tus habilidades del pensamiento.*

# CONCLUSION

El ejercicio puede:

*Reducir el riesgo de enfermedades del corazón, presión arterial alta, osteoporosis, diabetes, y obesidad.*

*Mantener las articulaciones, tendones y ligamentos flexibles, lo que hace que sea más fácil moverse y disminuye las posibilidades de que se caiga.*

*Reducir algunos de los efectos del envejecimiento, especialmente la incomodidad de la osteoartritis.*

*Contribuir al bienestar mental y ayudar a tratar la depresión.*

*Ayudar a aliviar el estrés y la ansiedad.*

*Aumentar la energía y la resistencia.*

*Mejorar el sueño.*

*Ayudar a mantener un peso normal al acelerar su metabolismo (la velocidad a la que quema calorías).*

*Para la mayoría de la gente, es posible comenzar a hacer ejercicio por su cuenta a un ritmo más lento. Si nunca antes ha hecho ejercicio, comience con un período de 10 minutos de ejercicio ligero. Una caminata rápida todos los días es un buen ejercicio para empezar. Aumente, de a poco, la dificultad y duración del ejercicio.*

*Usted debería tratar de hacer ejercicio, incluso si tiene una discapacidad física que limita el movimiento.*

*Es mejor hacer pequeñas cantidades de ejercicio que no hacer nada. Comience con una actividad que disfrute y que pueda hacer cómodamente. Aprenda a tomarse el pulso y calcular la frecuencia cardíaca ideal (alrededor del 80 % de su «frecuencia cardíaca máxima”). A medida que se acostumbra a hacer ejercicio, trate de hacer ejercicio dentro de su zona de frecuencia cardíaca de manera que obtenga el mayor beneficio.*

*Para tomar su pulso, apoye suavemente 2 dedos a un lado del cuello, entre la oreja y la barbilla. Cuente los latidos durante 10 segundos. Multiplique este número por 6 para obtener el número de latidos por minuto. Por ejemplo, si usted está quieto y cuenta 12 latidos durante 10 segundos, multiplique 12 x 6 para obtener 72 latidos por minuto.*

*Para averiguar su frecuencia cardíaca ideal, reste su edad (en años) a 220. Esta es su frecuencia cardíaca máxima. Para calcular su frecuencia cardíaca ideal, multiplique el resultado por 0,80.*

*Por ejemplo, si tiene 40 años de edad, reste 40 a 220, que le da una frecuencia cardíaca máxima de 180 (220 – 40 = 180). Luego multiplique este número por 0,80, lo que da 144 (180 x 0,80 = 144). Su frecuencia cardíaca ideal sería de 144 latidos por minuto.*

### *Cuanto necesito hacer jercicio?*

*Un buen objetivo es hacer ejercicio 5 veces por semana durante al menos 30 minutos cada vez. Sin embargo, la mayoría de las personas necesitan empezar de manera gradual. Comience haciendo ejercicio 2 o 3 veces a la semana durante 20 minutos cada vez. Una vez que se sienta cómodo, aumente poco a poco la cantidad de tiempo y el número de días a la semana en que hace ejercicio.*

# Muchas gracias a todos!